ふわふわシフォンケーキ
バターだからおいしい！

津田陽子

文化出版局

contents

ふわふわ、しっとり 4

シフォンケーキの基本の作り方 6

[4つの準備] 8
[合わせる] 14
[焼く] 18
[道具＋材料] 24

プレーンのシフォンケーキ 26

ミルクのアレンジ

ミルクコーヒーのシフォンケーキ 28
ミルクティーのシフォンケーキ 30
ミルクココアのシフォンケーキ 32
抹茶ミルクのシフォンケーキ 34
キャラメルミルクのシフォンケーキ 36
ココナッツミルクのシフォンケーキ 38
スパイスミルクのシフォンケーキ 40
黒糖ミルクのシフォンケーキ 42
はちみつレモンのシフォンケーキ 44
ピーナッツミルクのシフォンケーキ 46
メープルミルクのシフォンケーキ 48
ヨーグルトミルクのシフォンケーキ 50

プレーンのシフォンケーキを一緒に作りましょう。 52

プラスひと味

ラムレーズンのシフォンケーキ 54

いりごまのシフォンケーキ 56

ゆで小豆のシフォンケーキ 58

ふかしいものシフォンケーキ 60

オレンジのシフォンケーキ 62

ジンジャーのシフォンケーキ 64

アップルシナモンのシフォンケーキ 66

柚子みそのシフォンケーキ 68

バナナのシフォンケーキ 70

マロンのシフォンケーキ 72

杏とプルーンのシフォンケーキ 74

チェリーのシフォンケーキ 76

シフォン生地で

いちごのデコレーションケーキ 78

★この本で使用している計量の単位は、大さじ1＝15㎖、小さじ1＝5㎖です。
★バター、発酵バターは食塩不使用のもの、卵は65g前後のL玉を使用します。
★オーブンは指定の温度に温めておきます。表示温度と焼上り時間は機種によって多少の違いがあるので、目安としてください。

ふわふわ、しっとり

子どものころ、特別な日のおやつはカステラでした。
つややかな表面に美しい卵色の生地、シンプルな甘さ……思えば、
私の焼き菓子作りの原点だったかもしれません。
でもずっと思っていました。「ここにバターが入ったらいいのに……」
カステラは大好き。
だけどどこか満足していなかったのです。

ふんわりした食感はそのままに、バターの豊かな風味と香りが加われば、
もっともっとおいしくなる！
そのために越えなければならない壁は一つ。
「どうやって卵、砂糖、粉の中に、バターを入れ込むのか？」
これが私のお菓子作りのテーマになり、試行錯誤をしてたどり着いたのが、
このシフォンケーキなのです。
そして、私の究極ともいえるこのシフォンケーキは、今まで作り出してきたどのお菓子よりも、
私自身に癒しと感動を与えてくれるものとなりました。

ナイフやフォークでせっかくのふわふわ感を押しつぶしてしまわないように、
どうぞ両手でやさしく割ってみてください。
手にした瞬間に、ふんわりとした食感、やさしく立ち上る香り、
のどを通り過ぎるときまでおいしさを感じていただけるはずです。

何度も繰り返し作って、あなたのものにしてください。
そして、身近な人に食べさせてあげてください。
このシフォンケーキが、あなたとあなたの大切な人たちを癒してくれる存在になりますように。

　　　　津田陽子

ほら、
こんなにふんわり、いい香り。

シフォンケーキの基本の作り方

シフォンケーキというと普通オイルを使いますが、この本ではバターを使います。
オイルは固まらないので、作りやすいのですが、バターでおいしい香りのいいシフォンケーキを作るには、卵、砂糖、粉、バター＋牛乳の材料をつないで"ふんわり""しっとり"を味わえるひと工夫が必要。
いかにつなぐか？
「牛乳とバター」を合わせて湯せんで溶かし、乳化した卵黄に加えるプロセスは、その一つでもあります。
また、一つ一つのプロセスをきちんと、バランスよく、スピードをもって、丁寧にすることも大事です。

基本となるプレーンのシフォンケーキで作り方を紹介しましょう。
作り方はとてもシンプル。4つの準備をし、次に合わせて生地を作り、あとは焼くだけ。

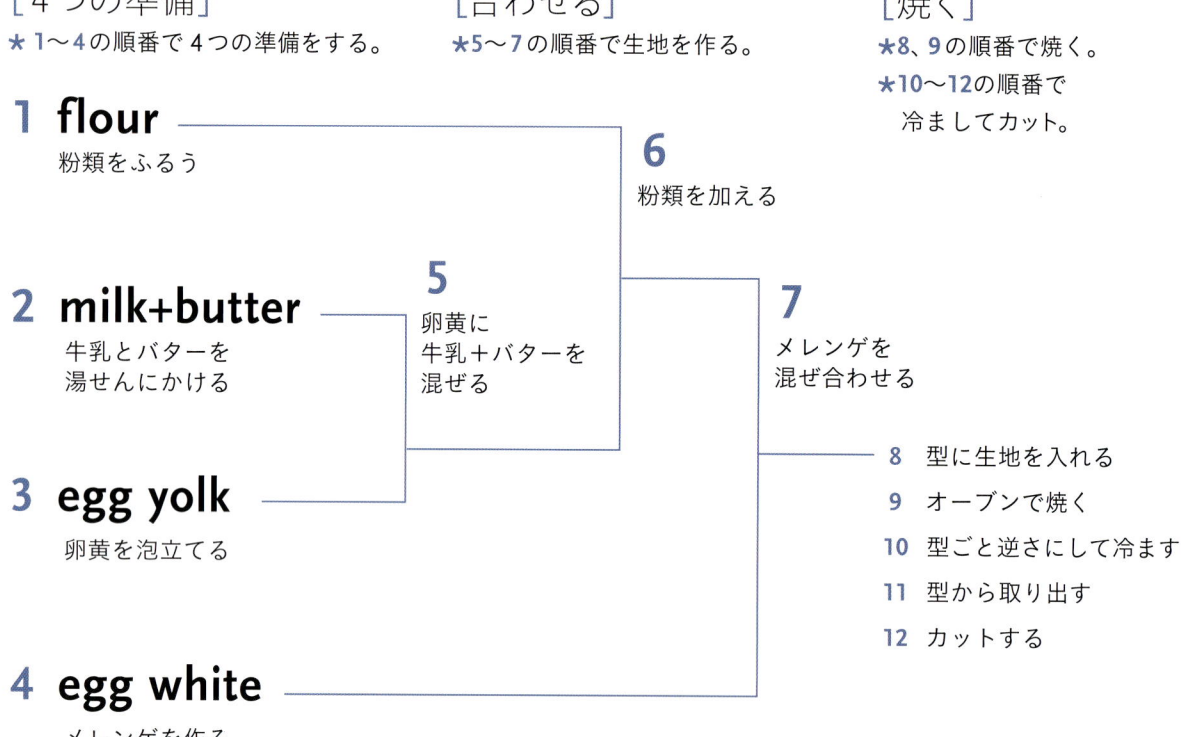

アレンジメニューは［ミルクのアレンジ］［プラスひと味］と2つのパートに分けて紹介。

［ミルクのアレンジ］
ココアや抹茶などは、粉に加えず、牛乳＋バターを変化させます。こちらのほうがより風味が増します。

［プラスひと味］
具材を乳化させた卵黄生地に加えて、味や食感に変化を与えます。
シフォン生地で作る究極のデコレーションケーキともども、いろいろな味を楽しんで。

さあ、作りましょう！

[4つの準備]

1〜4を順番に行なう。

1 粉類をふるう

薄力粉、ベーキングパウダー、塩を合わせて、ふるいにかけておく。粉類は大きめの紙の上でふるうと、ふんわり、手早くふるえる。最後は手で粉を落として分量どおりの粉をふるい落とす。

2 牛乳とバターを湯せんにかける

小さいボウルに牛乳、バターを入れ、湯せんにかけて溶かし、温めておく。これが牛乳＋バター。卵黄と合わせるまで冷えないように充分に温めておく。

3 卵黄を泡立てて、しっかり乳化させる

卵を卵黄と卵白に分ける。中くらいのボウルに卵黄を入れてほぐし、もったりするまで泡立てる。ぬれタオルの上にボウルを傾けて、泡立て器を手前から奥へ空気を入れるように動かす。
少し時間をかけて、できるだけしっかり泡立てる。途中で休んでも大丈夫。
泡立て器は小指と薬指を意識して握ると、軽い感じで、疲れない！

卵黄の乳化でできるお菓子は、究極の味わい。
のどに入ったとたんに、あぁ、おいしい!

4 しっかりしたメレンゲを作る

深型のボウルに卵白を入れてハンドミキサーでほぐし、全体が泡立って白っぽくなってきたら上白糖を2回に分けて加え、しっかりした弾力のあるメレンゲを作る。卵白はカラザを取らなくてもいい。むしろ、泡立てやすくなる。

ハンドミキサーは、しっかりしたメレンゲを作るために縦に動かしながら、もう片方の手でボウルを手前に引くようにする。最初は低速で徐々にほぐしていき、砂糖の半量を加えて溶かしたら、中速にし、ハンドミキサーを傾けて、側面に当てるようにしてかける。次いで残りの砂糖を加え、高速でつやがきちんと出るまで縦にぐいぐいと押し込むようにかけて締める。

メレンゲ作りは口径21cmの深いボウルとハンドミキサーを使用。ハンドミキサーは卵白を常に勢いよく動かして、締まったメレンゲにするために使う。

水分を泡にし、しっとりを残すことでつやつやに。
逆さにしても動かず、落ちてこない程度に仕上げる。

[合わせる]

1〜4を混ぜ合わせる。

5 卵黄に牛乳＋バターを混ぜる

3の泡立てた卵黄に2の温めた牛乳＋バターを加えて混ぜ、温めた大きいボウルに移し替える。移し替える大きいボウルは、前もって湯せんで温めておくなどして、冷やさないように作業することが大事。

6 粉類を加える

1の粉類を再度ふるいながら5のボウルに加え、泡立て器でつやが出るまで混ぜる。水分と出合って、もっちりとした食感になるよう、ここではしっかり混ぜ合わせる。生地がつながるとつやが出て、きめが整い、とろみがつく。

ベーキングパウダーを少し入れるのは、炭酸の力を利用。メレンゲの泡がたっぷりのシフォンケーキは必ず上下左右に広がりふくらむが、ベーキングパウダーを少し加えることで、その成分の炭酸ガスの泡がより生き生きした表情のお菓子に仕上げてくれる。

塩は、深みを出し、うまみを増すための味の引締め役。

7　メレンゲを2回に分けて混ぜ合わせる

6に4のメレンゲの半量を加え、しっかり中に入るように泡立て器で混ぜ合わせる。残りのメレンゲを加えて、同様に丁寧に混ぜ合わせる。さらに泡立て器をゴムべらに替えて、卵黄生地が残らないように混ぜ合わせ、生地を均一にする。ゴムべらは自分の手のひらのように扱う。ボウルの側面についた生地も取ってきれいに。しっかり混ぜ合わせて、メレンゲをきちんと中に入れ込むことがポイント。卵黄で包んで卵白を守るしくみ。ここでメレンゲがきちんと混ざっていないと、上にふくらむ力が弱く、横へと広がり、型からはみ出しやすくなる。

つやつや！
なめらかな生地のでき上り。

[焼く]

8 型に生地を入れる

天板にのせたシフォンケーキ型に少し高い位置から生地が切れないように流し入れる。こうすると大きな穴があきにくい。割り箸を回して余分な空気を抜きながら平らにならす。

9 オーブンで焼く

180℃に温めたオーブンで約35分焼く。途中、扉は開けないこと。開けると、せっかくふくらんだ生地がしぼんでしまうので。ふんわりふくらませたいお菓子を焼くときにいつも心がけたいことは、今お菓子がオーブン内の熱の力を借りてがんばってふくらもうとしているときに、「絶対扉を開けてはならない！」を知ること。どんどんふくらんでいく姿を確認したくて、つい扉を開けたくなってもガマンして。オーブンのスチーム機能を使うと、よりしっとり焼ける。

10 型ごと逆さにして冷ます

焼き上がったら軍手をはめて、型の内側に生地を寄せる。こうしておくと、型から抜きやすい。型ごと逆さにして、ケーキクーラーにのせて冷ます。

11 型から取り出す

充分冷めたら、型の内側にシフォンケーキ用ナイフを入れて1周し、棒状の部分にも同様にナイフを入れ、ひっくり返して型から取り出す。もう一度ひっくり返し、底面にナイフを入れたら、さらにひっくり返して棒状の型をはずす。型ごと動かすと楽にできる。

12 カットする

いただくときによく切れるペティナイフで適宜カットする。生地を押して切るのはよくないので、前後にナイフを浮かせるような切り方で。まるで泡を切っているみたいに、ね。
残りは乾きやすいのですぐにラップをかけておく。翌日はまたひと味違うおいしさになっている。そのままラップをかけて冷凍保存してもいい。

簡単でしょ。
朝食にあったら、幸せ。

［道具＋材料］

シフォンケーキを作るには、シフォンケーキ型とシフォンケーキ用のナイフが必要です。あとの道具は、通常お菓子作りで使っているもの。材料もシンプルです。

1 粉類をふるう

ストレーナー（直径18cm）
粉類をふるうのに使用。ステンレス製のしっかりしたものを選ぶ。

＝

薄力粉
粘り気の出にくい薄力粉を使用。軽い食感を楽しんで。粒子の違うベーキングパウダー、塩と合わせるので、よくふるって使う。

＋

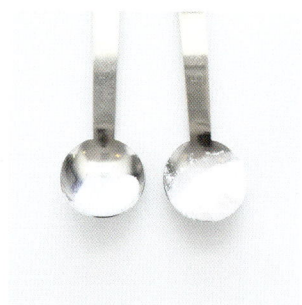

塩　ベーキングパウダー
シフォンケーキの風味をより生かすための副材料のような役割。共に薄力粉と合わせて使う。

2 牛乳とバターを湯せんにかける（ボウル大、小）
3 卵黄を泡立てる（ボウル中）

大、中、小のボウル3種類（直径27、21、15cm）
ステンレス製の3種類のサイズを用意。

＝

バター
食塩不使用でフレッシュなものを。発酵バターは独特な香りと豊かな風味が味わえるので、ぜひお試しを。

＋

牛乳
鮮度のいいものを使用。

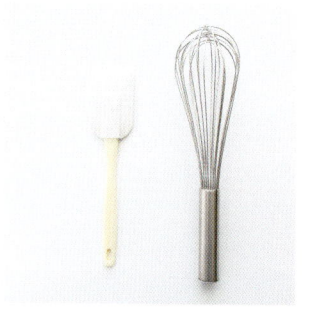

ゴムべら（長さ25cm）
耐熱性で、シリコン樹脂の一体型がおすすめ。流れるようなクリーム状の生地をボウルにそってきれいに取るには、こしのないやわらかい材質のものを使う。

泡立て器（長さ30×幅8cm）
ステンレスのワイヤが細くて本数が多いものが使いやすい。

4 メレンゲを作る

深型のボウル
（直径21×高さ13cm）
メレンゲ用に深型のものを用意。

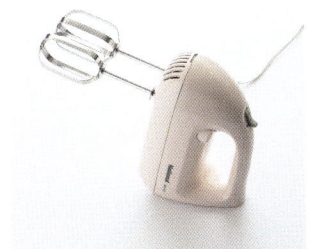

ハンドミキサー
羽根の部分がまっすぐで、回転のレベルを変えられるものがおすすめ。

＝

卵
L玉で、できるだけ新鮮なものを選ぶことが大切。作りはじめる30分前には冷蔵庫から出して、室温に戻しておく。

＋

上白糖
砂糖は卵白に溶けやすく、甘みにこくがある上白糖を使用する。

8 型に生地を入れる
9 オーブンで焼く

シフォンケーキ型
（直径20cm）
サイズは直径20cmを使用。アルミ製のものがおすすめ。

5 卵黄に牛乳＋バターを混ぜる
6 粉類を加える
7 メレンゲを混ぜ合わせる

ボウル（大）
＋泡立て器（長さ30×幅8cm）
＋ゴムべら（長さ25cm）

10 冷ます

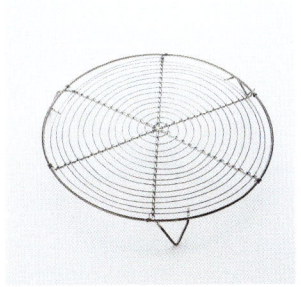

ケーキクーラー
（直径24cm）
焼き上がったものを冷ますのに使用。

11 型から取り出す

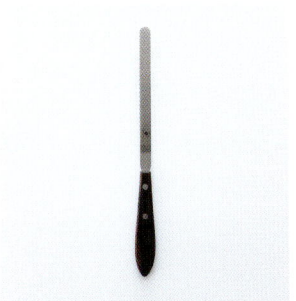

シフォンケーキ用ナイフ
（長さ25cm・刃の長さ14.5cm）
型から取り出すときに使用。

プレーンのシフォンケーキ

[材料]

卵黄	5個分
卵白	5個分
上白糖	140g
牛乳	80ml
バター	80g
薄力粉	100g
ベーキングパウダー	小さじ½
塩	ひとつまみ

材料は卵、砂糖、粉類、牛乳とバターと、余分なものはなく、シンプル！
オイルではなく、バターで作る工夫。
湯せんで溶かした牛乳＋バターを卵黄でつなぎます。

[4つの準備]
1　粉類をふるいにかけておく。
2　ボウルに牛乳とバターを入れて湯せんで溶かし、温めておく。
3　ボウルに卵黄を入れてほぐし、もったりするまで泡立てる。
4　深型のボウルに卵白を入れてハンドミキサーでほぐし、全体が泡立って白っぽくなってきたら上白糖を2回に分けて加え、しっかりした弾力のあるメレンゲを作る。

[合わせる]
5　3の卵黄に2の牛乳＋バターを加えて混ぜ、温めた大きいボウルに移し替える。
6　1の粉類を再びふるいながら加え、泡立て器でつやが出るまで混ぜ合わせる。
7　4のメレンゲの半量を加え、泡立て器でしっかり混ぜ合わせる。残りのメレンゲを加えて丁寧に混ぜ合わせ、さらにゴムべらに替えて混ぜ、生地を均一にする。

[焼く]
8　シフォンケーキ型に少し高い位置から生地を流し入れ、割り箸などで余分な空気を抜きながら平にならす。
9　180℃に温めたオーブンで約35分焼く。
10　焼き上がったら型ごと逆さにして冷ます。
11　充分冷めたら、ナイフを入れて、型から取り出す。
12　いただくときに適宜カットする。保存は、乾きやすいのですぐにラップをかける。冷凍保存してもいい。

フォークは使わずに両手で割ってみてください。
しっとりとした手触りからおいしさが伝わってきます。
シンプルだからこそ際立つバターの風味と
きめ細かな、ふんわりした食感を味わって……。

ミルクのアレンジ + 粉末インスタントコーヒー

ミルクコーヒーのシフォンケーキ

[材料]

卵黄	5個分
卵白	5個分
上白糖	140g
牛乳	80㎖
練乳	30g
粉末インスタントコーヒー	大さじ2
バター	80g
薄力粉	100g
ベーキングパウダー	小さじ½
塩	ひとつまみ

牛乳、練乳、インスタントコーヒーを湯せんにかけて溶き混ぜ、
バターを加えて溶かし、温める。
泡立てた卵黄に加え、粉類、メレンゲを加えて生地を作る。

[4つの準備]

1　粉類をふるいにかけておく。
2　ボウルに牛乳、練乳、インスタントコーヒーを入れて湯せんにかけ、よく溶き混ぜてから、バターを加えて溶かし、温めておく。
3　ボウルに卵黄を入れてほぐし、もったりするまで泡立てる。
4　深型のボウルに卵白を入れてハンドミキサーでほぐし、全体が泡立って白っぽくなってきたら上白糖を2回に分けて加え、しっかりした弾力のあるメレンゲを作る。

[合わせる]

5　3の卵黄に2の牛乳＋バターを加えて混ぜ、温めた大きいボウルに移し替える。
6　1の粉類を再びふるいながら加え、泡立て器でつやが出るまで混ぜ合わせる。
7　4のメレンゲの半量を加え、泡立て器でしっかり混ぜ合わせる。残りのメレンゲを加えて丁寧に混ぜ合わせ、さらにゴムべらに替えて混ぜ、生地を均一にする。

[焼く]

8　シフォンケーキ型に少し高い位置から生地を流し入れ、割り箸などで余分な空気を抜きながら平らにならす。
9　180℃に温めたオーブンで約35分焼く。
10　焼き上がったら型ごと逆さにして冷ます。
11　充分冷めたら、ナイフを入れて、型から取り出す。
12　いただくときに適宜カットする。保存は、乾きやすいのですぐにラップをかける。冷凍保存してもいい。

どこか懐かしい味わいは、練乳を加えているから。
ふんわりとした食感に包まれて
まろやかなミルクコーヒーの風味が口中に広がります。

ミルクのアレンジ✚アールグレイの茶葉

ミルクティーのシフォンケーキ

[材料]

卵黄	5個分
卵白	5個分
上白糖	140g
牛乳	120㎖
アールグレイの茶葉	10g
バター	80g
薄力粉	100g
ベーキングパウダー	小さじ½
塩	ひとつまみ

鍋に牛乳と茶葉を入れて煮出し、茶こしを通して80㎖をボウルに入れ、バターを加えて湯せんで溶かし、温める。
泡立てた卵黄に加え、粉類、メレンゲを加えて生地を作る。

[4つの準備]
1 粉類をふるいにかけておく。
2 鍋に牛乳とアールグレイの茶葉を入れて煮出し、茶こしを通して80㎖をボウルに入れ、バターを加えて湯せんで溶かし、温めておく。
3 ボウルに卵黄を入れてほぐし、もったりするまで泡立てる。
4 深型のボウルに卵白を入れてハンドミキサーでほぐし、全体が泡立って白っぽくなってきたら上白糖を2回に分けて加え、しっかりした弾力のあるメレンゲを作る。

[合わせる]
5 3の卵黄に2の牛乳＋バターを加えて混ぜ、温めた大きいボウルに移し替える。
6 1の粉類を再びふるいながら加え、泡立て器でつやが出るまで混ぜ合わせる。
7 4のメレンゲの半量を加え、泡立て器でしっかり混ぜ合わせる。残りのメレンゲを加えて丁寧に混ぜ合わせ、さらにゴムべらに替えて混ぜ、生地を均一にする。

[焼く]
8 シフォンケーキ型に少し高い位置から生地を流し入れ、割り箸などで余分な空気を抜きながら平らにならす。
9 180℃に温めたオーブンで約35分焼く。
10 焼き上がったら型ごと逆さにして冷ます。
11 充分冷めたら、ナイフを入れて、型から取り出す。
12 いただくときに適宜カットする。保存は、乾きやすいのですぐにラップをかける。冷凍保存してもいい。

香り高いアールグレイの茶葉を煮出した
ロイヤルミルクティーを入れることで
やわらかい、やさしい紅茶味になります。

ミルクのアレンジ + ココアパウダー

ミルクココアのシフォンケーキ

[材料]

卵黄	5個分
卵白	5個分
上白糖	140g
牛乳	100ml
ココアパウダー	20g
バター	80g
薄力粉	100g
ベーキングパウダー	小さじ½
塩	ひとつまみ

牛乳とココアパウダーを湯せんにかけてよく溶き混ぜてから、
バターを加えて溶かし、温める。
泡立てた卵黄に加え、粉類、メレンゲを加えて生地を作る。

[4つの準備]
1　粉類をふるいにかけておく。
2　ボウルに牛乳とココアパウダーを入れて湯せんにかけ、よく溶き混ぜてから、バターを加えて溶かし、温めておく。
3　ボウルに卵黄を入れてほぐし、もったりするまで泡立てる。
4　深型のボウルに卵白を入れてハンドミキサーでほぐし、全体が泡立って白っぽくなってきたら上白糖を2回に分けて加え、しっかりした弾力のあるメレンゲを作る。

[合わせる]
5　3の卵黄に2の牛乳＋バターを加えて混ぜ、温めた大きいボウルに移し替える。
6　1の粉類を再びふるいながら加え、泡立て器でつやが出るまで混ぜ合わせる。
7　4のメレンゲの半量を加え、泡立て器でしっかり混ぜ合わせる。残りのメレンゲを加えて丁寧に混ぜ合わせ、さらにゴムべらに替えて混ぜ、生地を均一にする。

[焼く]
8　シフォンケーキ型に少し高い位置から生地を流し入れ、割り箸などで余分な空気を抜きながら平らにならす。
9　180℃に温めたオーブンで約35分焼く。
10　焼き上がったら型ごと逆さにして冷ます。
11　充分冷めたら、ナイフを入れて、型から取り出す。
12　いただくときに適宜カットする。保存は、乾きやすいのですぐにラップをかける。冷凍保存してもいい。

濃いめにいれたおいしいミルクココアで作ります。
ショコラで作れば深いこくが出るのですが
それよりも軽やかな風味のココアがいいのです。

ミルクのアレンジ + 抹茶

抹茶ミルクのシフォンケーキ

[材料]

卵黄	5個分
卵白	5個分
上白糖	140g
抹茶	10g
水	30ml
牛乳	100ml
バター	80g
薄力粉	100g
ベーキングパウダー	小さじ½
塩	ひとつまみ

抹茶と水を混ぜてから牛乳を加えて湯せんにかけ、
よく溶き混ぜてから、バターを加えて溶かし、温める。
泡立てた卵黄に加え、粉類、メレンゲを加えて生地を作る。

[4つの準備]
1　粉類をふるいにかけておく。
2　ボウルに抹茶と水を入れて混ぜてから牛乳を加えて湯せんにかけ、よく溶き混ぜてから、バターを加えて溶かし、温めておく。
3　ボウルに卵黄を入れてほぐし、もったりするまで泡立てる。
4　深型のボウルに卵白を入れてハンドミキサーでほぐし、全体が泡立って白っぽくなってきたら上白糖を2回に分けて加え、しっかりした弾力のあるメレンゲを作る。

[合わせる]
5　3の卵黄に2の牛乳+バターを加えて混ぜ、温めた大きいボウルに移し替える。
6　1の粉類を再びふるいながら加え、泡立て器でつやが出るまで混ぜ合わせる。
7　4のメレンゲの半量を加え、泡立て器でしっかり混ぜ合わせる。残りのメレンゲを加えて丁寧に混ぜ合わせ、さらにゴムべらに替えて混ぜ、生地を均一にする。

[焼く]
8　シフォンケーキ型に少し高い位置から生地を流し入れ、割り箸などで余分な空気を抜きながら平らにならす。
9　180℃に温めたオーブンで約35分焼く。
10　焼き上がったら型ごと逆さにして冷ます。
11　充分冷めたら、ナイフを入れて、型から取り出す。
12　いただくときに適宜カットする。保存は、乾きやすいのですぐにラップをかける。冷凍保存してもいい。

抹茶を贅沢に使った抹茶ミルク。
見た目もさわやかなシフォンケーキです。
のどを通った瞬間から立ち上る抹茶の香りと苦みに
ちょっと驚きを感じるはずです。

ミルクのアレンジ + グラニュー糖でキャラメリゼ

キャラメルミルクのシフォンケーキ

[材料]

卵黄	5個分
卵白	5個分
上白糖	140g
グラニュー糖	40g
牛乳	50㎖
生クリーム	50㎖
バター	80g
薄力粉	100g
ベーキングパウダー	小さじ½
塩	ひとつまみ

グラニュー糖を濃い茶色になるまで焦がして、キャラメリゼし、
温めた牛乳と生クリームを入れて混ぜ合わせ、バターを加えて湯せんで溶かし、温める。
泡立てた卵黄に加え、粉類、メレンゲを加えて生地を作る。

[4つの準備]
1　粉類をふるいにかけておく。
2　ボウルに牛乳と生クリームを入れて湯せんで温める。鍋にグラニュー糖を入れて中火にかけ、全体が濃い茶色になるまで焦がし、温めた牛乳と生クリームを入れて混ぜ合わせる。ボウルに移し、バターを加えて湯せんで溶かし、温めておく。
3　ボウルに卵黄を入れてほぐし、もったりするまで泡立てる。
4　深型のボウルに卵白を入れてハンドミキサーでほぐし、全体が泡立って白っぽくなってきたら上白糖を2回に分けて加え、しっかりした弾力のあるメレンゲを作る。

[合わせる]
5　3の卵黄に2の牛乳＋バターを加えて混ぜ、温めた大きいボウルに移し替える。
6　1の粉類を再びふるいながら加え、泡立て器でつやが出るまで混ぜ合わせる。
7　4のメレンゲの半量を加え、泡立て器でしっかり混ぜ合わせる。残りのメレンゲを加えて丁寧に混ぜ合わせ、さらにゴムべらに替えて混ぜ、生地を均一にする。

[焼く]
8　シフォンケーキ型に少し高い位置から生地を流し入れ、割り箸などで余分な空気を抜きながら平らにならす。
9　180℃に温めたオーブンで約35分焼く。
10　焼き上がったら型ごと逆さにして冷ます。
11　充分冷めたら、ナイフを入れて、型から取り出す。
12　いただくときに適宜カットする。保存は、乾きやすいのですぐにラップをかける。冷凍保存してもいい。

砂糖を上手に焦がしていい香りが出てきたら
牛乳と生クリームを加えてキャラメルを作ります。
やさしいミルクキャラメルから
ちょっと大人の苦みのあるキャラメルまで
焦がし方はお好みで。

ミルクのアレンジ + ココナッツミルク

ココナッツミルクのシフォンケーキ

[材料]

卵黄	5個分
卵白	5個分
上白糖	140g
牛乳	40mℓ
ココナッツミルク	60mℓ
バター	80g
薄力粉	100g
ベーキングパウダー	小さじ½
塩	ひとつまみ

牛乳とココナッツミルクを混ぜ、バターを加えて湯せんで溶かし、温める。
泡立てた卵黄に加え、粉類、メレンゲを加えて生地を作る。

[4つの準備]
1　粉類をふるいにかけておく。
2　ボウルに牛乳とココナッツミルクを入れて混ぜ、バターを加えて湯せんで溶かし、温めておく。
3　ボウルに卵黄を入れてほぐし、もったりするまで泡立てる。
4　深型のボウルに卵白を入れてハンドミキサーでほぐし、全体が泡立って白っぽくなってきたら上白糖を2回に分けて加え、しっかりした弾力のあるメレンゲを作る。

[合わせる]
5　3の卵黄に2の牛乳＋バターを加えて混ぜ、温めた大きいボウルに移し替える。
6　1の粉類を再びふるいながら加え、泡立て器でつやが出るまで混ぜ合わせる。
7　4のメレンゲの半量を加え、泡立て器でしっかり混ぜ合わせる。残りのメレンゲを加えて丁寧に混ぜ合わせ、さらにゴムべらに替えて混ぜ、生地を均一にする。

[焼く]
8　シフォンケーキ型に少し高い位置から生地を流し入れ、割り箸などで余分な空気を抜きながら平らにならす。
9　180℃に温めたオーブンで約35分焼く。
10　焼き上がったら型ごと逆さにして冷ます。
11　充分冷めたら、ナイフを入れて、型から取り出す。
12　いただくときに適宜カットする。保存は、乾きやすいのですぐにラップをかける。冷凍保存してもいい。

ココナッツミルクの甘い香りが好きです。
両手でふわっと割ったら少しの間口に入れず
香りを感じて、幸せも味わって……

ミルクのアレンジ✚シナモン、ナツメッグ、ジンジャー、白こしょう

スパイスミルクのシフォンケーキ

[材料]

卵黄	5個分
卵白	5個分
上白糖	140g
牛乳	80mℓ
シナモンパウダー	8g
ナツメッグパウダー	2g
ジンジャーパウダー	2g
白こしょう	1g
バター	80g
薄力粉	100g
ベーキングパウダー	小さじ½
塩	ひとつまみ

牛乳とすべてのスパイスを湯せんにかけ、溶き混ぜてから、バターを加えて溶かし、温める。泡立てた卵黄に加え、粉類、メレンゲを加えて生地を作る。

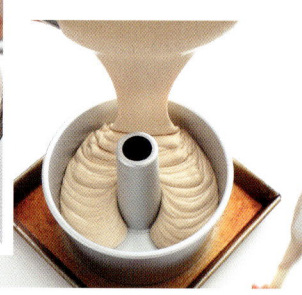

[4つの準備]
1　粉類をふるいにかけておく。
2　ボウルに牛乳とすべてのスパイスを入れて湯せんにかけ、よく溶き混ぜてから、バターを加えて溶かし、温めておく。
3　ボウルに卵黄を入れてほぐし、もったりするまで泡立てる。
4　深型のボウルに卵白を入れてハンドミキサーでほぐし、全体が泡立って白っぽくなってきたら上白糖を2回に分けて加え、しっかりした弾力のあるメレンゲを作る。

[合わせる]
5　3の卵黄に2の牛乳＋バターを加えて混ぜ、温めた大きいボウルに移し替える。
6　1の粉類を再びふるいながら加え、泡立て器でつやが出るまで混ぜ合わせる。
7　4のメレンゲの半量を加え、泡立て器でしっかり混ぜ合わせる。残りのメレンゲを加えて丁寧に混ぜ合わせ、さらにゴムべらに替えて混ぜ、生地を均一にする。

[焼く]
8　シフォンケーキ型に少し高い位置から生地を流し入れ、割り箸などで余分な空気を抜きながら平らにならす。
9　180℃に温めたオーブンで約35分焼く。
10　焼き上がったら型ごと逆さにして冷ます。
11　充分冷めたら、ナイフを入れて、型から取り出す。
12　いただくときに適宜カットする。保存は、乾きやすいのですぐにラップをかける。冷凍保存してもいい。

シナモン、ナツメッグ、ジンジャー、白こしょうと
4つのスパイスを使ったエキゾティックなシフォンケーキ。
味も香りもぴりっとパンチをきかせています。

ミルクのアレンジ ➕ 黒糖

黒糖ミルクのシフォンケーキ

[材料]

卵黄	5個分
卵白	5個分
上白糖	60g
黒糖	80g
牛乳	80mℓ
黒糖	30g
バター	80g
薄力粉	100g
ベーキングパウダー	小さじ½
塩	ひとつまみ

牛乳と黒糖を入れて湯せんにかけ、よく溶き混ぜてから、
バターを加えて溶かし、温める。
泡立てた卵黄に加え、粉類、黒糖入りのメレンゲを加えて生地を作る。

[4つの準備]

1　粉類をふるいにかけておく。
2　ボウルに牛乳と黒糖を入れて湯せんにかけ、よく溶き混ぜてから、バターを加えて溶かし、温めておく。
3　ボウルに卵黄を入れてほぐし、もったりするまで泡立てる。
4　深型のボウルに卵白を入れてハンドミキサーでほぐし、全体が泡立って白っぽくなってきたら上白糖と黒糖を合わせたものを2回に分けて加え、しっかりした弾力のあるメレンゲを作る。

[合わせる]

5　3の卵黄に2の牛乳＋バターを加えて混ぜ、温めた大きいボウルに移し替える。
6　1の粉類を再びふるいながら加え、泡立て器でつやが出るまで混ぜ合わせる。
7　4のメレンゲの半量を加え、泡立て器でしっかり混ぜ合わせる。残りのメレンゲを加えて丁寧に混ぜ合わせ、さらにゴムべらに替えて混ぜ、生地を均一にする。

[焼く]

8　シフォンケーキ型に少し高い位置から生地を流し入れ、割り箸などで余分な空気を抜きながら平らにならす。
9　180℃に温めたオーブンで約35分焼く。
10　焼き上がったら型ごと逆さにして冷ます。
11　充分冷めたら、ナイフを入れて、型から取り出す。
12　いただくときに適宜カットする。保存は、乾きやすいのですぐにラップをかける。冷凍保存してもいい。

こくと自然な甘さが特徴の黒糖。
甘みが強いと思われがちですが
ミルクに溶いて焼けば、まろやかな味に。
口に入れるとほっとするおいしさです。

ミルクのアレンジ + はちみつ、レモンの皮のすりおろしとレモン汁

はちみつレモンのシフォンケーキ

[材料]

卵黄	5個分
卵白	5個分
上白糖	140g
牛乳	80㎖
はちみつ	30g
バター	80g
薄力粉	100g
ベーキングパウダー	小さじ1
塩	ひとつまみ
レモンの皮のすりおろし	1個分
レモン汁	15㎖

牛乳とはちみつを湯せんにかけ、よく溶き混ぜてから、バターを加えて溶かし、温める。
泡立てた卵黄に加え、さらに粉類を混ぜてから
レモンの皮のすりおろしとレモン汁を加え、メレンゲを加えて生地を作る。

[4つの準備]
1 粉類をふるいにかけておく。
2 ボウルに牛乳とはちみつを入れて湯せんにかけ、よく溶き混ぜてから、バターを加えて溶かし、温めておく。
3 ボウルに卵黄を入れてほぐし、もったりするまで泡立てる。
4 深型のボウルに卵白を入れてハンドミキサーでほぐし、全体が泡立って白っぽくなってきたら上白糖を2回に分けて加え、しっかりした弾力のあるメレンゲを作る。

[合わせる]
5 3の卵黄に2の牛乳+バターを加えて混ぜ、温めた大きいボウルに移し替える。
6 1の粉類を再びふるいながら加え、泡立て器でつやが出るまで混ぜ合わせる。さらにレモンの皮と汁を加えて混ぜ合わせる。
7 4のメレンゲの半量を加え、泡立て器でしっかり混ぜ合わせる。残りのメレンゲを加えて丁寧に混ぜ合わせ、さらにゴムべらに替えて混ぜ、生地を均一にする。

[焼く]
8 シフォンケーキ型に少し高い位置から生地を流し入れ、割り箸などで余分な空気を抜きながら平らにならす。
9 180℃に温めたオーブンで約35分焼く。
10 焼き上がったら型ごと逆さにして冷ます。
11 充分冷めたら、ナイフを入れて、型から取り出す。
12 いただくときに適宜カットする。保存は、乾きやすいのですぐにラップをかける。冷凍保存してもいい。

レモンの皮をまるごと1個すりおろした
はちみつレモンは、あなたの一日を元気にしてくれます。
さわやかな朝にぴったりなシフォンケーキです。

ミルクのアレンジ + ピーナッツバター、ピーナッツ

ピーナッツミルクのシフォンケーキ

[材料]

卵黄	5個分
卵白	5個分
上白糖	140g
牛乳	100mℓ
ピーナッツバター	50g
バター	50g
薄力粉	100g
ベーキングパウダー	小さじ½
塩	ひとつまみ
ピーナッツ（細かく刻んだもの）	大さじ2

牛乳とピーナッツバターを湯せんにかけ、よく溶き混ぜてから、
バターを加えて溶かし、温める。泡立てた卵黄に加え、
さらに粉類を混ぜてから刻んだピーナッツを加え、メレンゲを加えて生地を作る。

[4つの準備]
1　粉類をふるいにかけておく。
2　ボウルに牛乳とピーナッツバターを入れて湯せんにかけ、よく溶き混ぜてから、バターを加えて溶かし、温めておく。
3　ボウルに卵黄を入れてほぐし、もったりするまで泡立てる。
4　深型のボウルに卵白を入れてハンドミキサーでほぐし、全体が泡立って白っぽくなってきたら上白糖を2回に分けて加え、しっかりした弾力のあるメレンゲを作る。

[合わせる]
5　3の卵黄に2の牛乳＋バターを加えて混ぜ、温めた大きいボウルに移し替える。
6　1の粉類を再びふるいながら加え、泡立て器でつやが出るまで混ぜ合わせる。さらにピーナッツを加えて混ぜ合わせる。
7　4のメレンゲの半量を加え、泡立て器でしっかり混ぜ合わせる。残りのメレンゲを加えて丁寧に混ぜ合わせ、さらにゴムべらに替えて混ぜ、生地を均一にする。

[焼く]
8　シフォンケーキ型に少し高い位置から生地を流し入れ、割り箸などで余分な空気を抜きながら平らにならす。
9　180℃に温めたオーブンで約35分焼く。
10　焼き上がったら型ごと逆さにして冷ます。
11　充分冷めたら、ナイフを入れて、型から取り出す。
12　いただくときに適宜カットする。保存は、乾きやすいのですぐにラップをかける。冷凍保存してもいい。

ピーナッツバターと
細かく刻んだピーナッツが入っています。
こっくりクリーミーなナッツの風味と
ぷちぷちした食感も楽しい。

ミルクのアレンジ + メープルシロップ、メープルシュガー

メープルミルクのシフォンケーキ

[材料]

卵黄	5個分
卵白	5個分
上白糖	60g
メープルシュガー	80g
牛乳	80ml
メープルシロップ	40g
バター	80g
薄力粉	100g
ベーキングパウダー	小さじ½
塩	ひとつまみ

牛乳とメープルシロップをよく溶き混ぜてから、
バターを加えて湯せんで溶かし、温める。泡立てた卵黄に加え、
粉類、メープルシュガー入りのメレンゲを加えて生地を作る。

[4つの準備]
1　粉類をふるいにかけておく。
2　ボウルに牛乳とメープルシロップを入れてよく溶き混ぜてから、バターを加えて湯せんで溶かし、温めておく。
3　ボウルに卵黄を入れてほぐし、もったりするまで泡立てる。
4　深型のボウルに卵白を入れてハンドミキサーでほぐし、全体が泡立って白っぽくなってきたら上白糖とメープルシュガーを合わせたものを2回に分けて加え、しっかりした弾力のあるメレンゲを作る。

[合わせる]
5　3の卵黄に2の牛乳＋バターを加えて混ぜ、温めた大きいボウルに移し替える。
6　1の粉類を再びふるいながら加え、泡立て器でつやが出るまで混ぜ合わせる。
7　4のメレンゲの半量を加え、泡立て器でしっかり混ぜ合わせる。残りのメレンゲを加えて丁寧に混ぜ合わせ、さらにゴムべらに替えて混ぜ、生地を均一にする。

[焼く]
8　シフォンケーキ型に少し高い位置から生地を流し入れ、割り箸などで余分な空気を抜きながら平らにならす。
9　180℃に温めたオーブンで約35分焼く。
10　焼き上がったら型ごと逆さにして冷ます。
11　充分冷めたら、ナイフを入れて、型から取り出す。
12　いただくときに適宜カットする。保存は、乾きやすいのですぐにラップをかける。冷凍保存してもいい。

メープルシロップを溶かし込んだミルク、
生地にはメープルシュガーも入っています。
思わずにっこり、おやつに食べた
ホットケーキのような心地よさも楽しんで。

ミルクのアレンジ＋ヨーグルト

ヨーグルトミルクのシフォンケーキ

[材料]

卵黄	5個分
卵白	5個分
上白糖	140g
牛乳	40mℓ
ヨーグルト	80g
バター	80g
薄力粉	100g
ベーキングパウダー	小さじ1
塩	ひとつまみ

牛乳とヨーグルトを混ぜ、バターを加えて湯せんで溶かし、温める。
泡立てた卵黄に加え、粉類を混ぜ、メレンゲを加えて生地を作る。

[4つの準備]
1　粉類をふるいにかけておく。
2　ボウルに牛乳とヨーグルトを入れて混ぜ、バターを加えて湯せんで溶かし、温めておく。
3　ボウルに卵黄を入れてほぐし、もったりするまで泡立てる。
4　深型のボウルに卵白を入れてハンドミキサーでほぐし、全体が泡立って白っぽくなってきたら上白糖を2回に分けて加え、しっかりした弾力のあるメレンゲを作る。

[合わせる]
5　3の卵黄に2の牛乳＋バターを加えて混ぜ、温めた大きいボウルに移し替える。
6　1の粉類を再びふるいながら加え、泡立て器でつやが出るまで混ぜ合わせる。
7　4のメレンゲの半量を加え、泡立て器でしっかり混ぜ合わせる。残りのメレンゲを加えて丁寧に混ぜ合わせ、さらにゴムべらに替えて混ぜ、生地を均一にする。

[焼く]
8　シフォンケーキ型に少し高い位置から生地を流し入れ、割り箸などで余分な空気を抜きながら平らにならす。
9　180℃に温めたオーブンで約35分焼く。
10　焼き上がったら型ごと逆さにして冷ます。
11　充分冷めたら、ナイフを入れて、型から取り出す。
12　いただくときに適宜カットする。保存は、乾きやすいのですぐにラップをかける。冷凍保存してもいい。

甘酸っぱいヨーグルトで作るシフォンケーキは
朝食にもおすすめです。両手で割ってほおばれば
きっとすてきな一日が始まります。

プレーンのシフォンケーキを一緒に作りましょう。
道具と材料、そろいましたか。では、始めます。まず［4つの準備］から。準備さえすれば、生地は10分でできます。

[4つの準備]

1 粉類をふるう。

2 ボウルに牛乳とバターを入れて湯せんで溶かし、温める。
（大きいボウルも湯せんにかけて温める。）

3 卵を卵黄と卵白に分ける。

ボウルに卵黄を入れてほぐし、泡立てる。
（ぬれタオルの上にボウルを傾けて置き、泡立て器を手前から奥に動かして。）

全体が泡立って白っぽくなってきたら上白糖を2回に分けて加える。まず、半量を！
（上部が離水してきたら、中速にして、ボウルの側面にも当てるように。）

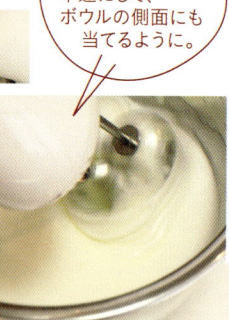

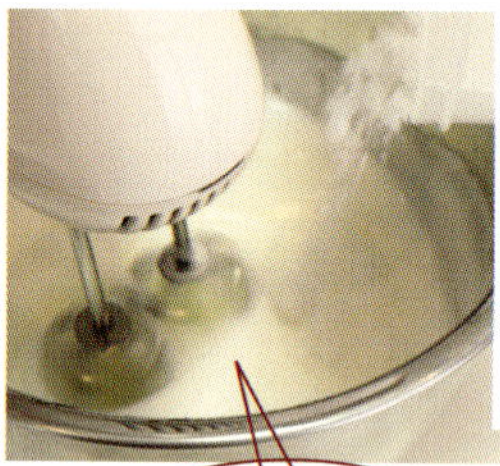

（残りの砂糖を加え、高速にして、つやがきちんと出るまで縦にぐいぐいと押し込むようにかけて。）

（ハンドミキサーで締まったメレンゲに仕上げます。）

しっかりした弾力のあるメレンゲを作る。
（逆さにしても落ちないくらいに。）
（泡が変化することを楽しんでいると、いいものができますよ。） 

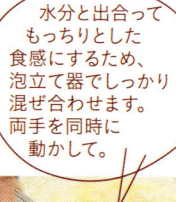

（水分と出合ってもっちりとした食感にするため、泡立て器でしっかり混ぜ合わせます。両手を同時に動かして。）

（つながるとつやが出て、きめが整い、もったりしてきます。）

泡立て器でつやが出るまで混ぜる。

7 4のメレンゲの半量を加え、泡立て器でしっかり混ぜ合わせる。

（卵黄でメレンゲを包み込むように。）

残りのメレンゲを加え、丁寧に混ぜ合わせる。

割り箸などでぐるぐる回して余分な空気を抜きながら平らにならす。

9 180℃に温めたオーブンで約35分焼く。
（オーブンにスチーム機能があったら、ぜひ活用して。）

10 焼き上がったら、軍手をはめて、型の内側に生地を寄せる。
（こうすると型から抜きやすいの。）

52

一つ一つのプロセスをしっかり、きちんと、バランスよく、リズミカルに、スピードをもって、丁寧にすること。
材料の長所、短所をしっかり見極めるのも大事です。

泡立て器は小指と薬指を意識して握ると、軽い感じで、疲れない！私は1日中、泡立てていても平気です。

もったりするまで。

卵黄に空気を入れて乳化……5〜6分でつながって、とろっとします。ここまでがんばって。

卵白はカラザを取らなくてOK。むしろ、泡立てやすくなります。

メレンゲ作りは口径21cmの深いボウルとハンドミキサーを使用。

4 メレンゲを作る。深型のボウルに卵白を入れてハンドミキサーでほぐす。

片手でボウルを回しながら、最初は低速で泡立てます。

[合わせる]

5 3の泡立てた卵黄に2の牛乳＋バターを加えて混ぜる。

移し替えるボウルは、充分温めて。ボウルを冷やさないように作業することが大事！

温めた大きめのボウルに移し替える。

6 1の粉類を再びふるいながら加える。

ここでメレンゲがきちんと混ざっていないと、焼上りの生地が上にふくらまず、横に広がり、型からはみ出してしまいます。

ゴムべらは手のひらのように扱って。ボウルの側面についた生地も取ってきれいに。

泡立て器をゴムべらに替えて、生地が均一になるまで混ぜる。

軽やかで、温かい感じを保って！アイスクリームが口中にとけるような、しっとりしたやさしさに仕上げて。

[焼く]

生地を少し高い位置から切れないように入れると穴があきにくい。

8 天板にのせたシフォンケーキ型に少し高い位置から7の生地を流し入れる。

ここは、シフォンケーキ用のナイフを使ってほしい！

型ごと逆さにして冷ます。

11 充分冷めたら、型の内側と棒状の部分にナイフを入れて1周し、型から取り出す。

ひっくり返して外側の型を外し、もう一度返して底面にナイフを入れて、さらにひっくり返してはずす。

簡単でしょ！いい香り！

プラスひと味＋ラムレーズン

ラムレーズンのシフォンケーキ

[材料]

卵黄	5個分
卵白	5個分
上白糖	140g
牛乳	80mℓ
バター	80g
薄力粉	100g
ベーキングパウダー	小さじ½
塩	ひとつまみ
ラムレーズン	60g

（ドライのレーズン40gにラム酒20mℓを加え、1時間以上漬け、みじん切りにする）

牛乳とバターを湯せんで溶かし、温める。
泡立てた卵黄に加え、粉類を混ぜてから、
みじん切りのラムレーズンを混ぜ、メレンゲを合わせて生地を作る。

[4つの準備]
1　粉類をふるいにかけておく。
2　ボウルに牛乳とバターを入れて湯せんで溶かし、温めておく。
3　ボウルに卵黄を入れてほぐし、もったりするまで泡立てる。
4　深型のボウルに卵白を入れてハンドミキサーでほぐし、全体が泡立って白っぽくなってきたら上白糖を2回に分けて加え、しっかりした弾力のあるメレンゲを作る。

[合わせる]
5　3の卵黄に2の牛乳＋バターを加えて混ぜ、温めた大きいボウルに移し替える。
6　1の粉類を再びふるいながら加え、泡立て器でつやが出るまで混ぜ合わせる。さらにラムレーズンを加えて混ぜ合わせる。
7　4のメレンゲの半量を加え、泡立て器でしっかり混ぜ合わせる。残りのメレンゲを加えて丁寧に混ぜ合わせ、さらにゴムべらに替えて混ぜ、生地を均一にする。

[焼く]
8　シフォンケーキ型に少し高い位置から生地を流し入れ、割り箸などで余分な空気を抜きながら平らにならす。
9　180℃に温めたオーブンで約35分焼く。
10　焼き上がったら型ごと逆さにして冷ます。
11　充分冷めたら、ナイフを入れて、型から取り出す。
12　いただくときに適宜カットする。保存は、乾きやすいのですぐにラップをかける。冷凍保存してもいい。

「やわらかくなるまでラム酒に漬け込んだレーズンは
甘みがやさしく残ります。ごく細かく刻んで混ぜれば
シフォンケーキの軽い食感はそのまま。
ラムレーズンの香りがふわっと広がります。」

プラスひと味 ✚ いりごま、練りごま

いりごまのシフォンケーキ

[材料]

卵黄	5個分
卵白	5個分
上白糖	140g
牛乳	100㎖
バター	80g
薄力粉	100g
ベーキングパウダー	小さじ½
塩	ひとつまみ
いりごま（白） （細かくすりつぶす）	大さじ2
練りごま（白）	30g

牛乳とバターを湯せんで溶かし、温める。
泡立てた卵黄に加え、粉類を混ぜてから、いりごまを混ぜ、
さらに練りごまを加えて混ぜ、メレンゲを合わせて生地を作る。

[4つの準備]
1　粉類をふるいにかけておく。
2　ボウルに牛乳とバターを入れて湯せんで溶かし、温めておく。
3　ボウルに卵黄を入れてほぐし、もったりするまで泡立てる。
4　深型のボウルに卵白を入れてハンドミキサーでほぐし、全体が泡立って白っぽくなってきたら上白糖を2回に分けて加え、しっかりした弾力のあるメレンゲを作る。

[合わせる]
5　3の卵黄に2の牛乳＋バターを加えて混ぜ、温めた大きいボウルに移し替える。
6　1の粉類を再びふるいながら加え、いりごまも加えて泡立て器でつやが出るまで混ぜ合わせる。さらに練りごまを加えて混ぜ合わせる。
7　4のメレンゲの半量を加え、泡立て器でしっかり混ぜ合わせる。残りのメレンゲを加えて丁寧に混ぜ合わせ、さらにゴムべらに替えて混ぜ、生地を均一にする。

[焼く]
8　シフォンケーキ型に少し高い位置から生地を流し入れ、割り箸などで余分な空気を抜きながら平らにならす。
9　180℃に温めたオーブンで約35分焼く。
10　焼き上がったら型ごと逆さにして冷ます。
11　充分冷めたら、ナイフを入れて、型から取り出す。
12　いただくときに適宜カットする。保存は、乾きやすいのですぐにラップをかける。冷凍保存してもいい。

しっとりとした生地に、細かくすりつぶした
いりごまで香りを、練りごまで深い味わいをプラス。
口に入れた瞬間にやさしさが香り立ちます。

プラスひと味 ● ゆで小豆

ゆで小豆のシフォンケーキ

[材料]

卵黄	5個分
卵白	5個分
上白糖	140g
牛乳	80mℓ
バター	80g
薄力粉	100g
ベーキングパウダー	小さじ1
塩	ひとつまみ
ゆで小豆	130g
（市販のゆで小豆を細かくつぶす）	

牛乳とバターを湯せんで溶かし、温める。
泡立てた卵黄に加え、粉類を混ぜてから、ゆで小豆を混ぜ、
メレンゲを合わせて生地を作る。

[4つの準備]
1　粉類をふるいにかけておく。
2　ボウルに牛乳とバターを入れて湯せんで溶かし、温めておく。
3　ボウルに卵黄を入れてほぐし、もったりするまで泡立てる。
4　深型のボウルに卵白を入れてハンドミキサーでほぐし、全体が泡立って白っぽくなってきたら上白糖を2回に分けて加え、しっかりした弾力のあるメレンゲを作る。

[合わせる]
5　3の卵黄に2の牛乳＋バターを加えて混ぜ、温めた大きいボウルに移し替える。
6　1の粉類を再びふるいながら加え、泡立て器でつやが出るまで混ぜ合わせる。さらにゆで小豆を加えて混ぜ合わせる。
7　4のメレンゲの半量を加え、泡立て器でしっかり混ぜ合わせる。残りのメレンゲを加えて丁寧に混ぜ合わせ、さらにゴムべらに替えて混ぜ、生地を均一にする。

[焼く]
8　シフォンケーキ型に少し高い位置から生地を流し入れ、割り箸などで余分な空気を抜きながら平らにならす。
9　180℃に温めたオーブンで約35分焼く。
10　焼き上がったら型ごと逆さにして冷ます。
11　充分冷めたら、ナイフを入れて、型から取り出す。
12　いただくときに適宜カットする。保存は、乾きやすいのですぐにラップをかける。冷凍保存してもいい。

小豆の上品な甘みと香りが心を和ませてくれる
和テイストのシフォンケーキです。
ぜひおいしくいれた煎茶と味わってみてください。

プラスひと味 ➕ ふかしいも（さつまいも）

ふかしいものシフォンケーキ

[材料]

卵黄	5個分
卵白	5個分
上白糖	140g
牛乳	80㎖
バター	80g
薄力粉	100g
ベーキングパウダー	小さじ½
塩	ひとつまみ
ふかしいも	120g
（さつまいもは皮つきのまま蒸し器でふかし、皮をむいてフォークなどで細かくする）	

牛乳とバターを湯せんで溶かし、温める。
泡立てた卵黄に加え、粉類を混ぜてから、細かくしたふかしいもを混ぜ、メレンゲを合わせて生地を作る。

[4つの準備]
1　粉類をふるいにかけておく。
2　ボウルに牛乳とバターを入れて湯せんで溶かし、温めておく。
3　ボウルに卵黄を入れてほぐし、もったりするまで泡立てる。
4　深型のボウルに卵白を入れてハンドミキサーでほぐし、全体が泡立って白っぽくなってきたら上白糖を2回に分けて加え、しっかりした弾力のあるメレンゲを作る。

[合わせる]
5　3の卵黄に2の牛乳＋バターを加えて混ぜ、温めた大きいボウルに移し替える。
6　1の粉類を再びふるいながら加え、泡立て器でつやが出るまで混ぜ合わせる。さらにふかしいもを加えて混ぜ合わせる。
7　4のメレンゲの半量を加え、泡立て器でしっかり混ぜ合わせる。残りのメレンゲを加えて丁寧に混ぜ合わせ、さらにゴムべらに替えて混ぜ、生地を均一にする。

[焼く]
8　シフォンケーキ型に少し高い位置から生地を流し入れ、割り箸などで余分な空気を抜きながら平らにならす。
9　180℃に温めたオーブンで約35分焼く。
10　焼き上がったら型ごと逆さにして冷ます。
11　充分冷めたら、ナイフを入れて、型から取り出す。
12　いただくときに適宜カットする。保存は、乾きやすいのですぐにラップをかける。冷凍保存してもいい。

おいもはふかすとほくほくして懐かしい。
相性のいい番茶と楽しい3時のおやつに。
きっと笑顔でおしゃべりもはずむはず。

プラスひと味 ✚ オレンジピール、オレンジジュース

オレンジのシフォンケーキ

[材料]

卵黄	5個分
卵白	5個分
上白糖	140g
牛乳	60㎖
バター	80g
薄力粉	100g
ベーキングパウダー	小さじ1
塩	ひとつまみ
オレンジピール	80g
（みじん切りにして熱湯でさっと洗い、水気をきる）	
オレンジジュース	40㎖

牛乳とバターを湯せんで溶かし、温める。
泡立てた卵黄に加え、粉類を混ぜてから、みじん切りのオレンジピールと
オレンジジュースを混ぜ、メレンゲを合わせて生地を作る。

[4つの準備]
1　粉類をふるいにかけておく。
2　ボウルに牛乳とバターを入れて湯せんで溶かし、温めておく。
3　ボウルに卵黄を入れてほぐし、もったりするまで泡立てる。
4　深型のボウルに卵白を入れてハンドミキサーでほぐし、全体が泡立って白っぽくなってきたら上白糖を2回に分けて加え、しっかりした弾力のあるメレンゲを作る。

[合わせる]
5　3の卵黄に2の牛乳＋バターを加えて混ぜ、温めた大きいボウルに移し替える。
6　1の粉類を再びふるいながら加え、泡立て器でつやが出るまで混ぜ合わせる。さらにオレンジピールとオレンジジュースを加えて混ぜ合わせる。
7　4のメレンゲの半量を加え、泡立て器でしっかり混ぜ合わせる。残りのメレンゲを加えて丁寧に混ぜ合わせ、さらにゴムべらに替えて混ぜ、生地を均一にする。

[焼く]
8　シフォンケーキ型に少し高い位置から生地を流し入れ、割り箸などで余分な空気を抜きながら平らにならす。
9　180℃に温めたオーブンで約35分焼く。
10　焼き上がったら型ごと逆さにして冷ます。
11　充分冷めたら、ナイフを入れて、型から取り出す。
12　いただくときに適宜カットする。保存は、乾きやすいのですぐにラップをかける。冷凍保存してもいい。

すべての人に愛されるオレンジのシフォンケーキ。
しっとり軽やかなスポンジと
細かく刻んだオレンジピールのさわやかな香りに
手が止まらなくなってしまいます。

プラスひと味 ● しょうがの甘煮、おろししょうが

ジンジャーのシフォンケーキ

[材料]

卵黄	5個分
卵白	5個分
上白糖	140g
牛乳	60ml
バター	80g
薄力粉	100g
ベーキングパウダー	小さじ1
塩	ひとつまみ
しょうがの甘煮	80g

（しょうがの皮をむいて薄切りにし、水100mlに砂糖100gを溶かしたシロップでやわらかくなるまで煮る。水気をきって、粗みじん切りにする）

おろししょうが	15g

牛乳とバターを湯せんで溶かし、温める。
泡立てた卵黄に加え、粉類を混ぜてから、
しょうがの甘煮とおろししょうがを混ぜ、メレンゲを合わせて生地を作る。

[4つの準備]
1　粉類をふるいにかけておく。
2　ボウルに牛乳とバターを入れて湯せんで溶かし、温めておく。
3　ボウルに卵黄を入れてほぐし、もったりするまで泡立てる。
4　深型のボウルに卵白を入れてハンドミキサーでほぐし、全体が泡立って白っぽくなってきたら上白糖を2回に分けて加え、しっかりした弾力のあるメレンゲを作る。

[合わせる]
5　3の卵黄に2の牛乳＋バターを加えて混ぜ、温めた大きいボウルに移し替える。
6　1の粉類を再びふるいながら加え、泡立て器でつやが出るまで混ぜ合わせる。さらにしょうがの甘煮とおろししょうがを加えて混ぜ合わせる。
7　4のメレンゲの半量を加え、泡立て器でしっかり混ぜ合わせる。残りのメレンゲを加えて丁寧に混ぜ合わせ、さらにゴムべらに替えて混ぜ、生地を均一にする。

[焼く]
8　シフォンケーキ型に少し高い位置から生地を流し入れ、割り箸などで余分な空気を抜きながら平らにならす。
9　180℃に温めたオーブンで約35分焼く。
10　焼き上がったら型ごと逆さにして冷ます。
11　充分冷めたら、ナイフを入れて、型から取り出す。
12　いただくときに適宜カットする。保存は、乾きやすいのですぐにラップをかける。冷凍保存してもいい。

しょうがの甘煮はバターの入ったケーキによく合います。
すりおろしたしょうがと汁も入れて
バターで作ったシフォンケーキにもぴったりです。
シーズン問わず食べたくなる、くせになるおいしさです。

プラスひと味＋アップルピール、シナモンパウダー

アップルシナモンのシフォンケーキ

[材料]

卵黄	5個分
卵白	5個分
上白糖	140g
牛乳	80㎖
バター	80g
薄力粉	100g
ベーキングパウダー	小さじ1
塩	ひとつまみ
アップルピール	80g
（粗みじん切りにして熱湯でさっと洗い、水気をきる）	
シナモンパウダー	8g

牛乳とバターを湯せんで溶かし、温める。
泡立てた卵黄に加え、粉類を混ぜてから、アップルピールとシナモンパウダーを合わせて混ぜ、メレンゲを合わせて生地を作る。

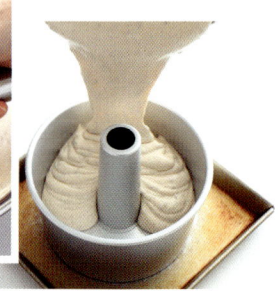

[4つの準備]
1　粉類をふるいにかけておく。
2　ボウルに牛乳とバターを入れて湯せんで溶かし、温めておく。
3　ボウルに卵黄を入れてほぐし、もったりするまで泡立てる。
4　深型のボウルに卵白を入れてハンドミキサーでほぐし、全体が泡立って白っぽくなってきたら上白糖を2回に分けて加え、しっかりした弾力のあるメレンゲを作る。

[合わせる]
5　3の卵黄に2の牛乳＋バターを加えて混ぜ、温めた大きいボウルに移し替える。
6　1の粉類を再びふるいながら加え、泡立て器でつやが出るまで混ぜ合わせる。さらにアップルピールとシナモンパウダーを合わせて加え、混ぜ合わせる。
7　4のメレンゲの半量を加え、泡立て器でしっかり混ぜ合わせる。残りのメレンゲを加えて丁寧に混ぜ合わせ、さらにゴムべらに替えて混ぜ、生地を均一にする。

[焼く]
8　シフォンケーキ型に少し高い位置から生地を流し入れ、割り箸などで余分な空気を抜きながら平らにならす。
9　180℃に温めたオーブンで約35分焼く。
10　焼き上がったら型ごと逆さにして冷ます。
11　充分冷めたら、ナイフを入れて、型から取り出す。
12　いただくときに適宜カットする。保存は、乾きやすいのですぐにラップをかける。冷凍保存してもいい。

相性ぴったりのシナモンをまとわせて
きらきらかわいいアップルピールをたっぷり加えました。
味も香りも食感も、三拍子そろったおいしさです。

プラスひと味 ● 柚子みそ、柚子の皮のすりおろし

柚子みそのシフォンケーキ

[材料]

卵黄	5個分
卵白	5個分
上白糖	140g
牛乳	80㎖
バター	80g
薄力粉	100g
ベーキングパウダー	小さじ1
塩	ひとつまみ
柚子みそ	50g
柚子の皮のすりおろし	½個分

牛乳とバターを湯せんで溶かし、温める。
泡立てた卵黄に加え、粉類を混ぜてから、柚子みそと柚子の皮の
すりおろしを混ぜ、メレンゲを合わせて生地を作る。

[4つの準備]
1　粉類をふるいにかけておく。
2　ボウルに牛乳とバターを入れて湯せんで溶かし、温めておく。
3　ボウルに卵黄を入れてほぐし、もったりするまで泡立てる。
4　深型のボウルに卵白を入れてハンドミキサーでほぐし、全体が泡立って白っぽくなってきたら上白糖を2回に分けて加え、しっかりした弾力のあるメレンゲを作る。

[合わせる]
5　3の卵黄に2の牛乳＋バターを加えて混ぜ、温めた大きいボウルに移し替える。
6　1の粉類を再びふるいながら加え、泡立て器でつやが出るまで混ぜ合わせる。さらに柚子みそと柚子の皮のすりおろしを加えて混ぜ合わせる。
7　4のメレンゲの半量を加え、泡立て器でしっかり混ぜ合わせる。残りのメレンゲを加えて丁寧に混ぜ合わせ、さらにゴムべらに替えて混ぜ、生地を均一にする。

[焼く]
8　シフォンケーキ型に少し高い位置から生地を流し入れ、割り箸などで余分な空気を抜きながら平らにならす。
9　180℃に温めたオーブンで約35分焼く。
10　焼き上がったら型ごと逆さにして冷ます。
11　充分冷めたら、ナイフを入れて、型から取り出す。
12　いただくときに適宜カットする。保存は、乾きやすいのですぐにラップをかける。冷凍保存してもいい。

おみその甘じょっぱさの中に柚子が香ります。
甘辛味は私の好み。いつかどこかで味わった
和菓子のような、懐かしい味わいです。

プラスひと味＋バナナ

バナナのシフォンケーキ

[材料]

卵黄	5個分
卵白	5個分
上白糖	100g
黒糖	40g
牛乳	80mℓ
バター	80g
薄力粉	100g
ベーキングパウダー	小さじ1
塩	ひとつまみ
バナナ	1本

（皮をむき、フォークなどで細かくつぶす）

牛乳とバターを湯せんで溶かし、温める。
泡立てた卵黄に加え、粉類を混ぜてから、細かくつぶしたバナナを混ぜ、
黒糖入りのメレンゲを合わせて生地を作る。

[4つの準備]
1　粉類をふるいにかけておく。
2　ボウルに牛乳とバターを入れて湯せんで溶かし、温めておく。
3　ボウルに卵黄を入れてほぐし、もったりするまで泡立てる。
4　深型のボウルに卵白を入れてハンドミキサーでほぐし、全体が泡立って白っぽくなってきたら上白糖と黒糖を合わせたものを2回に分けて加え、しっかりした弾力のあるメレンゲを作る。

[合わせる]
5　3の卵黄に2の牛乳＋バターを加えて混ぜ、温めた大きいボウルに移し替える。
6　1の粉類を再びふるいながら加え、泡立て器でつやが出るまで混ぜ合わせる。さらにバナナを加えて混ぜ合わせる。
7　4のメレンゲの半量を加え、泡立て器でしっかり混ぜ合わせる。残りのメレンゲを加えて丁寧に混ぜ合わせ、さらにゴムべらに替えて混ぜ、生地を均一にする。

[焼く]
8　シフォンケーキ型に少し高い位置から生地を流し入れ、割り箸などで余分な空気を抜きながら平らにならす。
9　180℃に温めたオーブンで約35分焼く。
10　焼き上がったら型ごと逆さにして冷ます。
11　充分冷めたら、ナイフを入れて、型から取り出す。
12　いただくときに適宜カットする。保存は、乾きやすいのですぐにラップをかける。冷凍保存してもいい。

バナナは作る直前にごく細かくつぶして加えます。
まるまる1本入っていますが、軽やかに焼き上がります。
黒糖の甘みが生地にやさしさを添えてくれます。

プラスひと味 ➕ 渋皮栗の甘露煮

マロンのシフォンケーキ

[材料]

卵黄	5個分
卵白	5個分
上白糖	140g
牛乳	80㎖
バター	80g
薄力粉	100g
ベーキングパウダー	小さじ1
塩	ひとつまみ
渋皮栗の甘露煮	120g
ラム酒	10㎖

（渋皮栗の甘露煮を指先でつぶし、ラム酒をふりかけておく）

牛乳とバターを湯せんで溶かし、温める。
泡立てた卵黄に加え、粉類を混ぜてから、つぶしてラム酒をふりかけた
渋皮栗の甘露煮を混ぜ、メレンゲを合わせて生地を作る。

[4つの準備]
1　粉類をふるいにかけておく。
2　ボウルに牛乳とバターを入れて湯せんで溶かし、温めておく。
3　ボウルに卵黄を入れてほぐし、もったりするまで泡立てる。
4　深型のボウルに卵白を入れてハンドミキサーでほぐし、全体が泡立って白っぽくなってきたら上白糖を2回に分けて加え、しっかりした弾力のあるメレンゲを作る。

[合わせる]
5　3の卵黄に2の牛乳＋バターを加えて混ぜ、温めた大きいボウルに移し替える。
6　1の粉類を再びふるいながら加え、泡立て器でつやが出るまで混ぜ合わせる。さらにラム酒をふりかけた渋皮栗の甘露煮を加えて混ぜ合わせる。
7　4のメレンゲの半量を加え、泡立て器でしっかり混ぜ合わせる。残りのメレンゲを加えて丁寧に混ぜ合わせ、さらにゴムべらに替えて混ぜ、生地を均一にする。

[焼く]
8　シフォンケーキ型に少し高い位置から生地を流し入れ、割り箸などで余分な空気を抜きながら平らにならす。
9　180℃に温めたオーブンで約35分焼く。
10　焼き上がったら型ごと逆さにして冷ます。
11　充分冷めたら、ナイフを入れて、型から取り出す。
12　いただくときに適宜カットする。保存は、乾きやすいのですぐにラップをかける。冷凍保存してもいい。

やわらかな食感を生かすために
栗は手でやさしくつぶして使います。
口に入れるとほのかにラム酒の香りが広がって
少し大人のおやつ時間。さぁ、お茶にしましょう！

プラスひと味 ✚ 杏、プルーン

杏とプルーンのシフォンケーキ

[材料]

卵黄	5個分
卵白	5個分
上白糖	140g
牛乳	120㎖
アールグレイの茶葉	10g
バター	80g
薄力粉	100g
ベーキングパウダー	小さじ1
塩	ひとつまみ
杏とプルーンのシロップ煮	120g

（ドライの杏とプルーン各60gを水100㎖に砂糖100gを溶かした
シロップでやわらかくなるまで煮る。水気をきって、粗みじん切りにする）

ミルクティーとバターを湯せんで溶かし、温める。
泡立てた卵黄に加え、粉類を混ぜてから、粗みじん切りにした
杏とプルーンのシロップ煮を混ぜ、メレンゲを合わせて生地を作る。

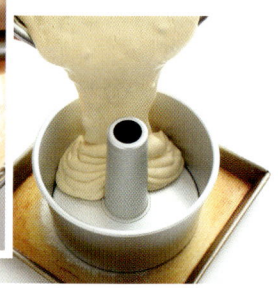

[4つの準備]
1　粉類をふるいにかけておく。
2　鍋に牛乳とアールグレイの茶葉を入れて煮出し、茶こしを通して80㎖をボウルに入れ、バターを加えて湯せんで溶かし、温めておく。
3　ボウルに卵黄を入れてほぐし、もったりするまで泡立てる。
4　深型のボウルに卵白を入れてハンドミキサーでほぐし、全体が泡立って白っぽくなってきたら上白糖を2回に分けて加え、しっかりした弾力のあるメレンゲを作る。

[合わせる]
5　3の卵黄に2の牛乳＋バターを加えて混ぜ、温めた大きいボウルに移し替える。
6　1の粉類を再びふるいながら加え、泡立て器でつやが出るまで混ぜ合わせる。さらに杏とプルーンのシロップ煮を加えて混ぜ合わせる。
7　4のメレンゲの半量を加え、泡立て器でしっかり混ぜ合わせる。残りのメレンゲを加えて丁寧に混ぜ合わせ、さらにゴムべらに替えて混ぜ、生地を均一にする。

[焼く]
8　シフォンケーキ型に少し高い位置から生地を流し入れ、割り箸などで余分な空気を抜きながら平らにならす。
9　180℃に温めたオーブンで約35分焼く。
10　焼き上がったら型ごと逆さにして冷ます。
11　充分冷めたら、ナイフを入れて、型から取り出す。
12　いただくときに適宜カットする。保存は、乾きやすいのですぐにラップをかける。冷凍保存してもいい。

「甘酸っぱい杏は、彩りの美しさよりも
味を引き締めるために加えています。
アールグレイの香りを閉じ込めて
相性のいいプルーンを合わせて焼きました。」

プラスひと味 ● グリオットチェリーの洋酒漬け

チェリーのシフォンケーキ

[材料]

卵黄	5個分
卵白	5個分
上白糖	140g
牛乳	80㎖
バター	80g
薄力粉	100g
ベーキングパウダー	小さじ1
塩	ひとつまみ
グリオットチェリーの洋酒漬け (市販品。粗みじん切りにする)	10個

牛乳とバターを湯せんで溶かし、温める。
泡立てた卵黄に加え、粉類を混ぜてから、粗みじん切りにした
グリオットチェリーの洋酒漬けを混ぜ、メレンゲを合わせて生地を作る。

[4つの準備]

1　粉類をふるいにかけておく。
2　ボウルに牛乳とバターを入れて湯せんで溶かし、温めておく。
3　ボウルに卵黄を入れてほぐし、もったりするまで泡立てる。
4　深型のボウルに卵白を入れてハンドミキサーでほぐし、全体が泡立って白っぽくなってきたら上白糖を2回に分けて加え、しっかりした弾力のあるメレンゲを作る。

[合わせる]

5　3の卵黄に2の牛乳＋バターを加えて混ぜ、温めた大きいボウルに移し替える。
6　1の粉類を再びふるいながら加え、泡立て器でつやが出るまで混ぜ合わせる。さらにグリオットチェリーの洋酒漬けを加えて混ぜ合わせる。
7　4のメレンゲの半量を加え、泡立て器でしっかり混ぜ合わせる。残りのメレンゲを加えて丁寧に混ぜ合わせ、さらにゴムべらに替えて混ぜ、生地を均一にする。

[焼く]

8　シフォンケーキ型に少し高い位置から生地を流し入れ、割り箸などで余分な空気を抜きながら平らにならす。
9　180℃に温めたオーブンで約35分焼く。
10　焼き上がったら型ごと逆さにして冷ます。
11　充分冷めたら、ナイフを入れて、型から取り出す。
12　いただくときに適宜カットする。保存は、乾きやすいのですぐにラップをかける。冷凍保存してもいい。

ブランデーに漬け込んだグリオットチェリーを加えました。
赤いチェリーは見た目もかわいらしい。
テーブルに並んだ瞬間、わぁっ！と歓声が上がりそうです。

シフォン生地で

いちごの
デコレーションケーキ

[材料]

卵黄	5個分
卵白	5個分
上白糖	140g
牛乳	80ml
バター	80g
薄力粉	100g
ベーキングパウダー	小さじ½
塩	ひとつまみ
生クリーム	300ml
粉糖	30g

（生クリームに粉糖を加えて六分立てにし、冷蔵庫に入れておく）

いちご　約40粒
（へたを取り、半量は縦半分に切る）

1 生地はプレーンのシフォンケーキ（→p.26）と同様に作る。

2 天板にカルトン（タルト型の底板など）を置き、中心棒を抜いたシフォンケーキ型をのせる。

3 少し高い位置から生地を流し入れ、割り箸を回して余分な空気を抜きながら平らにならし、180℃のオーブンで約35分焼く。

4 焼き上がったら逆さにしてざるに置いて冷ます。

5 冷めたら型から取り出し、側面にナイフを入れ、1周する。

6 ひっくり返してナイフを入れ、カルトンをはずす。

7 縁にナイフを入れてから、型をはずす。

8 ひっくり返し、上下厚さ1cmを切り取ってから2枚に切る。

9 ボードにカルトンをのせ、その上に1枚を置く。

10 六分立ての生クリームを八分立てにし、¼量をのせてスパテラで平らにならす。

11 半分に切ったいちごを中心から放射状に並べ、いちごが隠れるくらいに生クリームをのせて平らにならす。

12 もう1枚をのせ、手で軽く押さえる。

13 残りの生クリームの⅓量を飾り用として直径12mmの星形口金をつけた絞出し袋に入れ、残りを全体に平らに厚めにぬる。上面からのはみ出しは側面にぬる。

14 いちごを中心から放射状に置き、飾り用の生クリームでデコレーションする。

真っ赤ないちごとやさしい生クリームのデコレーションケーキ。
もっともっとおいしく分け合いたいから
ふんわりバターのシフォンケーキで作りました。
シロップをぬらなくてもしっとり、味も形も本格的。
ずうっと前からこんなケーキが食べたかった！

津田陽子　つだ・ようこ

京都生れ。1987年に渡仏し、お菓子作りを学ぶ。現在、京都で誂え菓子店「洋菓子司 tsudayoko」ならびに「津田陽子菓道教室」を合わせた空間「ぎをん結(ゆい)」を中心に、菓道家津田陽子として活動する。東京では三越日本橋店カルチャーサロンにて講演を行なう。ロールケーキ「フロール」をはじめ、シフォンケーキ、キャトルカール、タルトなど、焼きたての食感を大切にしたお菓子作りに多くの支持を得ている。著書に『さくさくクッキー』『ふんわりロールケーキ』『ミディ・アプレミディのお菓子』『津田陽子のパウンドケーキ』『お菓子のかがく』(すべて文化出版局)、『タルト私のとっておき』(リトルモア)、『津田陽子の100のおやつ』(柴田書店)、『だから、おいしい!』(文藝春秋)などがある。
https://www.tsudayoko.com

ブックデザイン　若山嘉代子 L'espace

撮影　日置武晴

スタイリング　高橋みどり

校閲　山脇節子

編集　成川加名予
　　　浅井香織（文化出版局）

ふわふわシフォンケーキ
バターだからおいしい!

2013年 6 月23日　第 1 刷発行
2019年 6 月10日　第 6 刷発行
著　者　津田陽子
発行者　濱田勝宏
発行所　学校法人文化学園 文化出版局
　　　　〒151-8524
　　　　東京都渋谷区代々木 3-22-1
　　　　電話03-3299-2565(編集)
　　　　　　03-3299-2540(営業)
印刷・製本所　凸版印刷株式会社

© Yoko Tsuda 2013
Printed in Japan
本書の写真、カット及び内容の無断転載を禁じます。

本書のコピー、スキャン、デジタル化等の無断複製は著作権法上での例外を除き、禁じられています。
本書を代行業者等の第三者に依頼してスキャンやデジタル化することは、
たとえ個人や家庭内での利用でも著作権法違反になります。

文化出版局のホームページ　http://books.bunka.ac.jp/

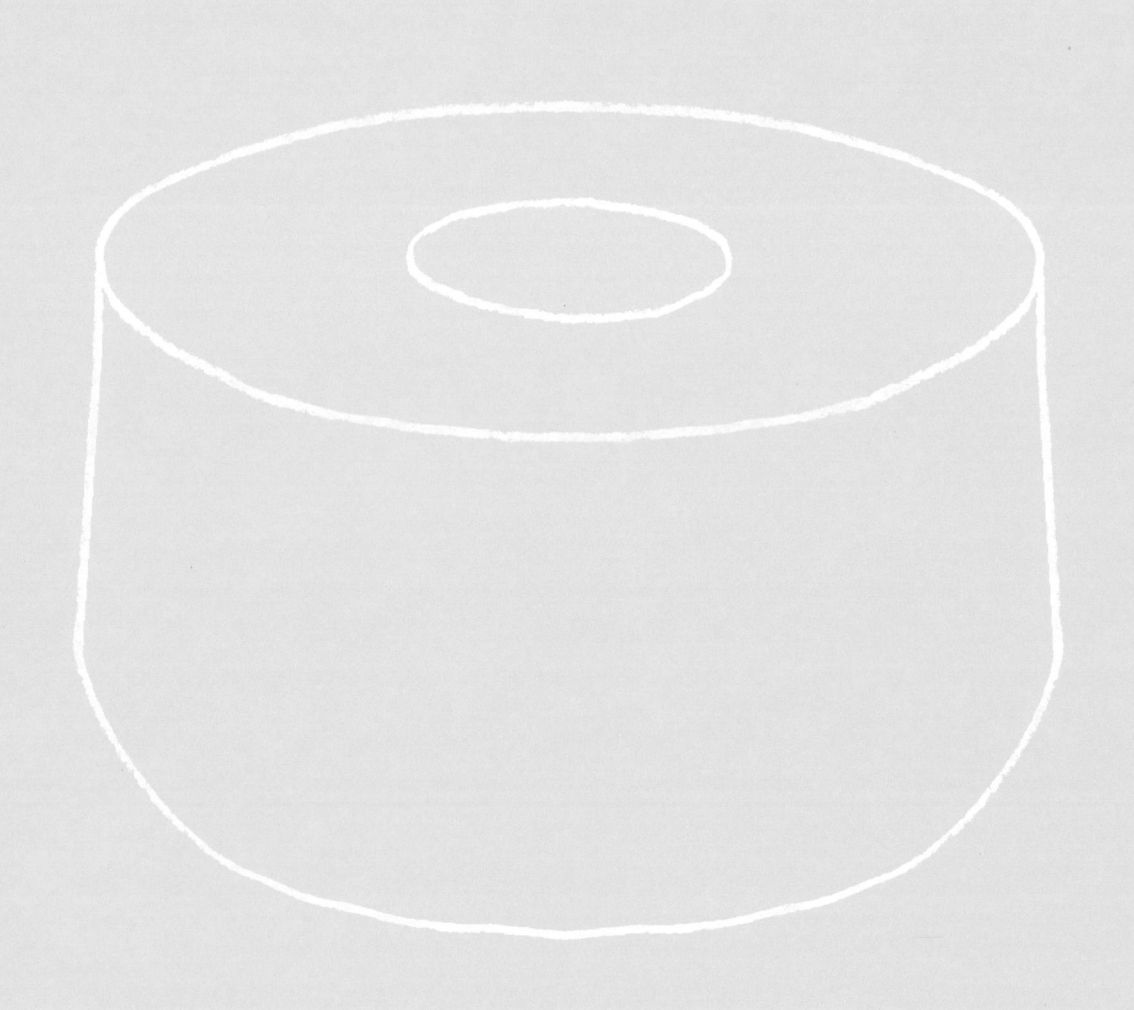